8° X 10615.

AF591152

GRAMMAIRE

DE

LANGUE INTERNATIONALE

> Toutes les lettres doivent être écrites comme elles sont prononcées ; toutes doivent être prononcées comme elles sont écrites.

PRIX : UN FRANC

BRIOUDE
IMPRIMERIE & LIBRAIRIE D. CHOUVET
29, Boulevard Desaix, 29

1892

GRAMMAIRE

DE

LANGUE INTERNATIONALE

BIBLIOTHÈQUE NATIONALE R.F. IMPRIMÉS

> Toutes les lettres doivent être écrites comme elles sont prononcées ; toutes doivent être prononcées comme elles sont écrites.

PRIX : UN FRANC

BRIOUDE
IMPRIMERIE & LIBRAIRIE D. CHOUVET
29, Boulevard Desaix, 2

1892

8°X
10615

GRAMMAIRE

DE

LANGUE INTERNATIONALE

BRIOUDE. — IMP. ET LIB. CHOUVET, BOULEVARD DESAIX, 29

Nous donnons à nos lecteurs la primeur de la *Grammaire internationale* que va publier un de nos instituteurs, qui, nourri dans l'Université en connaît les détours, et croit faire acte de patriotisme autant que de socialisme, en démembrant le français national pour le rendre international.

L'auteur de ce travail qui a au moins le mérite de l'originalité, n'a pas la prétention de vouloir réformer la langue française, ou d'entrer à l'Académie française pour collaborer à l'œuvre interminable de son dictionnaire, pas même de concourir pour un prix de grammaire. Ce qu'il voudrait, comme tout bon patriote, ce serait de rendre le *français*, en le débarrassant, pour l'exportation, des difficultés, des bizarreries, et aussi des gallicismes et des archaïsmes qui en font, avec sa syntaxe et ses règles, la beauté, le mérite, une langue assez facile à parler, lire, écrire, pour que les peuples de toutes les races, de toutes les parties du monde, puissent l'adopter, en faire usage dans leurs relations internationales.

Ce projet a-t-il la chance d'être examiné, pris en considération, mis à exécution par ceux qui, au pouvoir, dans les académies, dans la presse, peuvent seuls le rendre acceptable, viable? Le gouvernement lui-même voudra-t-il essayer de faire apprendre aux populations de nos colonies et pays de protectorat, les noirs, les Arabes, les Tonkinois, incapables d'apprendre notre langue classique, cet embryon de langue française, qu'il vulgariserait et répandrait, sachant que sur cent personnes parlant une autre langue que leur langue maternelle, on compte : 69 Allemands, 60 Autrichiens, 34 Anglais, 29 Français, 28 Italiens, 13 Espagnols, et qu'à notre époque de luttes commerciales, le succès doit appartenir à ceux qui peu-

1

vent se mettre en relation avec le plus grand nombre d'étrangers possible ? Nous l'ignorons. L'attention des pédagogues sera du moins appelée sur certaines anomalies grammaticales, dont la suppression ferait la joie des enfants et des grands qui sont réfractaires à l'orthographe, par défaut de mémoire ou excès de logique. Nous voulons parler des doubles lettres, du *ph* remplacé par *f*, de l'*y* par l'*i*, de la simplification des règles relatives aux participes, au nombre de certains mots, etc., à la prononciation d'autres.

C'est pour ces considérations que nous croyons devoir éditer cette grammaire.

Amédée St-Ferréol.

INTRODUCTION

De tous temps, sans doute, il y a eu dans les peuples civilisés, des philosophes, des savants, des penseurs, des hommes politiques, comme des utopistes, qui ont rêvé ou cru possible la réalisation dans notre bas monde, de ces absolus qu'on appelle : la paix universelle, la religion universelle, la domination universelle, la langue universelle. Alors même que les nations étaient séparées par les barrières infranchissables, que la nature, les institutions, les lois, les cultes, c'est-à-dire les choses, les hommes et les idées mettaient entre elles, il paraissait nécessaire à ceux qui voyaient régner la division, l'anarchie, la guerre partout, de réunir les mortels, par un lien quelconque montrant qu'ils étaient tous membres de l'humanité.

Que ce fût dans l'intérêt de cette humanité, de la nation à laquelle ils voulaient amalgamer plus encore que relier les autres, ou pour pouvoir régner sur le monde entier, comme les grands conquérants de l'histoire ancienne et moderne, peu importe! le but vers lequel ils marchaient était le même, et aucun n'a pu l'atteindre, en approcher même. Il était contraire à l'*unité* véritable, celle qui n'est pas l'*uniformité*, mais l'*unité* par et avec la variété.

Ce qui a toujours été accepté comme axiome, sous une forme et dans une langue différente, c'est que des *goûts et des couleurs on ne peut disputer*, autrement dit, *que tous les goûts sont dans la nature*. C'est ainsi dans un autre ordre d'idées, que la morale varie selon les climats, les origines, les tempéraments, la couleur des peuples ou des hommes. Ce qui était ainsi traduit en français, vérité en deça des Pyrénées, erreur au delà.

A notre époque de lumière et de progrès, l'imprimerie, la vapeur, l'électricité, le téléphone, le télégraphe, abrègent, s'ils ne les suppriment pas, la distance, le temps; donnent à l'industrie, au commerce, à la science, les moyens de traverser les montagnes, les mers, les déserts, bientôt les airs, pour mettre en rapport tous les peuples civilisés, quels que soient leur gouvernement, leur race, leur religion, leur puissance, leur richesse.

Cependant personne ne rêve, ne réclame l'universel en rien, si ce n'est peut-être en morale. La morale étant la science du bien et du mal humain doit, comme idéal, s'imposer à l'humanité, à mesure que les religions, qui, par le dogme avec lequel se confond leur morale divine, divisent profondément les hommes tous soumis à la même loi de vie et de mort, tomberont, comme des feuilles mortes, de l'arbre de l'humanité.

En revanche, toutes les théories, tous les projets, tendent à des solutions internationales, c'est-à-dire à des alliances entre peuples, qui en respectant les nationalités avec leurs caractères distinctifs, les rattachent par une fédération assez puissante, assez éclairée, pour résoudre dans l'intérêt commun, les grandes questions politiques, économiques, sociales, qui sont aujourd'hui entre les peuples, les classes, les individus, une source perpétuelle de guerres, de conflits, de misères.

L'internationale ouvrière, les ligues internationales de la paix, de l'assistance publique, etc., sont les symptômes, le début de ce mouvement, qui ne peut que se développer. Parmi les désidérata, l'un des plus pratiques, les plus nécessaires, serait une langue internationale, qui, comme les poids et mesures métriques, l'heure prise sur le même méridien, les chiffres et jusqu'à un certain point les monnaies, aurait cours, circulerait partout, en laissant à chaque peuple, à chaque peuplade, sa langue originale, servirait seulement de signe, d'entente, de communication entre ceux qui ont besoin, pour leurs affaires, leurs plaisirs, leur instruction, de se mettre en relation avec l'étranger.

Dans le moyen-âge, le latin, qui sous l'empire romain avait été parlé, grâce à la conquête, dans une partie du monde connu, était la langue savante; le français a été longtemps et est encore la langue diplomatique de l'Europe. De nos jours, l'anglais est la langue la plus répandue dans le monde commercial. Mais l'Asie, l'Afrique, l'Océanie, sont fermées presque entièrement aux langues européennes, et dans toutes les nations, c'est l'infime minorité qui parle, sait ou apprend une autre langue que la sienne.

Aussi bien, pendant ces derniers temps, la création d'une langue universelle a été remise sur le tapis. Pour arriver à ce but, une société a inventé de toutes pièces, enseigné et propagé le *volapuk*. Il s'est formé aussi un groupe d'érudits qui veulent et croient possible, par l'enseignement, l'instruction, une renaissance des temps où le latin était la langue commune aux hommes éclairés des peuples civilisés.

Nous ne connaissons pas la syntaxe, les règles, les mots même du *volapuk*. Ce que nous savons, c'est qu'il est si abracadabrant à première vue, qu'on le regarde généralement comme de l'iroquois, et est si peu attrayant, si difficile à apprendre, que depuis une quinzaine d'années qu'il a vu le jour, il est parlé seulement, avouent même ses apôtres et ses disciples les plus fanatiques, par dix à quinze mille personnes; il faudrait donc, à ce compte-là, des siècles pour qu'il fût aussi répandu, aussi usuel, que n'importe quelle langue vivante de notre époque.

Le latin de Cicéron, de Virgile, de Tacite, d'Horace, et même celui des écrivains religieux du moyen-âge, est une langue morte, bien morte. Dans les siècles où il était le plus florissant, il n'était pas parlé par la plèbe de Rome, de l'Italie et des nations romaines; ces dernières populations avaient leur jargon, leur idiôme particulier, dont beaucoup de traces se retrouvent dans nos langues modernes. Dans le moyen-âge, c'était un latin de cuisine où certaines lettres, les *u* par exemple, se prononçaient d'une manière différente, qu'échangeaient entre eux les évêques, les moines et les prêtres que les circonstances mettaient en relation.

De nos jours, les quatre-vingt-dix-neuf centièmes des élèves sortant de nos collèges, de nos lycées, où ils l'ont appris pendant plusieurs années, n'ont jamais su le parler et sont bientôt incapables de faire un thème ou une version dans cette langue. Les séminaristes devenus prêtres le récitent dans leurs offices et prières, mais n'en usent, dans la conversation, s'ils le font, qu'assaisonné de barbarismes et de solécismes.

Il est donc plus difficile de rendre, je ne dirai pas universelle, mais seulement internationale, une langue nouvelle ou une langue morte, qu'une des langues modernes qui se partagent le monde civilisé.

Reste à savoir quelle est celle de ces langues qui paraît pouvoir et devoir être plus facilement adoptée, parlée ? En ma qualité de Français, je ne puis, on le comprendra sans peine, que dire *à priori* c'est la langue française. Toutefois, j'en donnerai pour raison cependant, que de l'aveu de tous les esprits éclairés, cultivés, cette langue, par sa précision, sa concision, sa clarté, est celle qui, de toutes, s'impose le mieux à l'esprit, et en même temps peut devenir le lien commun des relations usuelles d'individus à individus, de peuples à peuples. Seulement elle a des bizarreries, des exceptions, des difficultés, qui peuvent contribuer à ses beautés, mais rebutent, effarouchent, éloignent ou en détournent ceux qui n'ont pas le temps, les moyens ou les capacités voulues pour l'étudier, la connaître à fond.

Eh bien ! ce sont ces bizarreries, ces exceptions, ces difficultés, qu'il faut en faire disparaître pour n'en laisser que la carcasse, la substance. Cet abatis en fera à coup sûr une langue autre que le français, mais par cela même accessible à tous et acceptable par tous. En la mutilant ainsi pour la réduire à sa plus simple expression, les Français feraient un sacrifice assez grand pour donner satisfaction à l'amour-propre national des autres peuples, surtout si dans la langue nouvelle, les noms de pays, de villes, d'hommes célèbres, si nombreux, si importants, qui jouent un si grand rôle dans la géographie, dans l'histoire, sont écrits et prononcés comme ils le sont dans chaque nation.

Une courte grammaire et un dictionnaire en deux langues pour chaque peuple, l'internationale et la sienne, suffiraient certainement à apprendre et parler rapidement une pareille langue, dont les phrases les plus usuelles seraient données en ces deux langues aussi, dans un manuel de la conversation.

Le dictionnaire est une œuvre laborieuse, de longue haleine, qui ne peut être fait dans chaque nation, que par des hommes compétents, spéciaux, connaissant parfaitement les mots et la prononciation de leur langue; et on ne pourra y travailler que lorsque la grammaire sera faite, acceptée.

C'est cette grammaire seule dont nous pouvons et voulons nous occuper, en en indiquant les éléments, qui pourront ensuite être plus ou moins modifiés, c'est-à-dire *les règles.* Ces règles sont très simples; elles ont pour base ces deux principes qui les résument : « Toutes les lettres doi-« vent être écrites comme elles sont prononcées; « toutes doivent être prononcées comme elles sont « écrites. »

Le mode de réalisation, c'est la simplification de l'orthographe, si difficile à apprendre, si facile à oublier, et la suppression des exceptions et difficultés grammaticales qui contredisent si souvent les règles.

Ces considérations pourront être développées, complétées par d'autres plus autorisés que nous, de manière à donner l'idée, inspirer le désir à quelque association française, de chercher, trouver, répandre cette langue commune à tous les hommes obligés d'avoir des relations internationales, et qui peu à peu finirait par se répandre dans le monde entier. Nous n'avons certainement pas la prétention de créer de toutes pièces cette langue internationale, qui ne peut être vulgarisée, acceptée, qu'à la condition d'être facilement et promptement appliquée, écrite, parlée. Notre seule ambition est d'ouvrir la voie qui peut y conduire.

UN GRAMMAIRIEN FIN DE SIÈCLE.

AVANT-PROPOS

Anomalies de la langue française

La langue française, en vertu des règles formulées, imposées par les grammairiens, les écrivains, l'Académie française, est remplie d'anomalies qui la rendent difficile à parler et à écrire correctement. Nous devons tout d'abord rappeler ces anomalies pour expliquer, justifier la réforme radicale dans l'orthographe des mots de cette langue et dans les exceptions qui, dit-on, confirment la règle, que nous proposons d'adopter, afin de la rendre internationale sans beaucoup d'efforts, de mémoire ou d'étude.

Un certain nombre de mots qui s'écrivent de même, ont une prononciation et un sens différent.

Exemples :

Nous *portions* des *portions*. — Mes *fils* ont cassé leurs *fils*. — Il *est* de l'*est*. — Je *vis* ces *vis*. — Cet homme est *fier*; peut-on s'y *fier*? — Nous *éditions* de belles *éditions*. — Nous *relations* ces *relations* intéressantes. — Le *président* et le vice-*président* *président* tour à tour. — Je suis *content* qu'ils *content* cette histoire. — Il *convient* qu'ils *convient* leurs amis. — Ils ont un caractère si *violent* qu'ils *violent* leurs promesses. — Ils *expédient* des lettres ; c'est un bon *expédient*. — Nos *intentions* sont que nous *intentions* un procès. — Ils *négligent* leur devoir ; je suis moins *négligent*. — Nous *objections* beaucoup de choses contre vos *objections*. — Ils *résident* à Paris chez le *résident* d'une cour étrangère. — Les bons cuisiniers *excellent* à faire un mets *excellent*. — Les poissons *affluent* à un *affluent* de rivière. — Les poules du *couvent couvent*.

Il y a des expressions singulières comme celles-ci :

Pour avoir de l'argent *devant soi* il faut en mettre *de côté*. — Z. est *rouge* comme une pivoine quand il est *gris*.

Un grand nombre de mots se prononcent de même et ont un sens différent, étant le plus ordinairement écrits de la même manière. Ces mots se nomment *homonymes*. Nous citerons ceux-ci :

Tour (de château, d'hospice, de tourneur, d'escamotage, du monde, de promenade).— *Ver* (de terre), vert (couleur), vair (fourrure), verre (à boire), vers (de poète), vers (préposition). — *Conte* (récit), compte (calcul), comte (titre). — *Son* (vibration, pronom, mouture), sont (temps de verbe). — *Cher* (adjectif, département), chair (viande), chaire (d'église). — *Saut* (bond), Sceaux (ville), sceaux (garde des), seau (d'eau), sot. — Les homonymes subsisteront toujours, seront plus nombreux peut-être, mais seront toujours écrits de même.

Les sons que rendent presque toutes les lettres dans la prononciation sont rendus dans l'écriture de diverses manières, c'est-à-dire par des lettres différentes ; ainsi :

VOYELLES

A est rendu par *a* (amitié) ; *ah!* (interjection); *ha* (habile) ; *ai* (montaigne, montagne) ; (paille, palieu); *e* (violemment, violament) ; *em* (femme, fame) ; *ea* (Caen, ean); *ea* (Jean, jan); *en* (gens, jans); (solennel, solanel); *ua* (quatre, katre) ; *ao* (paon, pan ; août, out).

É par *é* (étude); *ei* (peine, pène); (eider, éder); *œ* (ædicule, édicule) ; *œ* (œcuménique); *hé* (hélas); *eh* (interjection); *ai* (aimer, émer); *ent* (ils aiment, aime); *ue* (quête, qête) ; *oi* (roide, rède) ; *e* muet (amèr, amer).

I par *i* (ironie) ; *y* (yatagan) ; *ui* (qui, qi; guide, gide) ; *hi* (hiver, iver); *hy* (hybride, ibride) ; *ea* (Schakespeare, Cheks*pire*).

O par *o* (oranger) ; *eau* (beau, bo); *au* (aubade, obade); *ho* (homme, omme); *oh!* (interjection); *ao* (Saône, sone) ; *aux* (article au pluriel *o*) ; *uo* (quolibet, qolibet) ; *eo* (geolier, jolier); *um* (aluminium, aluminiome) ; *hu* (rhum, rom).

U par *u* (usage) ; *eu* (j'eus, j'us ; gageur, gagure) ; *hu* (humain) ; *ul* (cul, cu).

CONSONNES

C est rendu par *c* (carte, consommation) ; *s* (Sion); *t* (solution, solucion) ; *k* (kanguroo).

D par *d* (dame); *t* (grand homme, grant homme).

F par *f* (famine); *ph* (philosophie, filosofie).

G par *g* (gage) : *j* (gendre, jendre); *n* (mignard, miniard) ; *c* (sang impur, sanc impur).

J par *j* (jalon) ; *ge* (nous mangeons, manjons).

L par *l* (lâche ; *ce* (fils, fice); *l* mouillé (fille, filieu).

M par *m* (mamelon, émanciper); *n* (emmener, enmener); (embellir, enbellir).

P par *p* (péché) ; *f* (philosophie, filosofie).

S par *s* (sage); *z* (zéphir); *sc* (scieur de bois); *ss* (passion).

T par *t* (tabac, amitié, patibulaire(; *c* (patient, pacient).

X par *gz* (Gzavier); *ks* (Aleksandre) ; *ec* (ecception); *ss* (Bruxelles, Auxerre : Brusselles, Ausserre); *c* (excepté, eccepté); *z* (douxième, dixième : douzième, dizième); *egz* (exemple, egzemple).

Z par *z* (zèle); *x* (douzième, dizième : douxième, dixième).

LETTRES NASALES ACCOUPLÉES ET DIPHTONGUES

Est rendu le son Ai, par *ai* (aimer): *hai* (une haie); *haye* (La Haye); *ei* (reine).

An par *an* (année); *em* (empêcher, anpêcher); *en* (enjeu); *han* (hanche); *ean* (Jean); *aon* (paon, pan); *am* (ambition); *aen* (Caen, can); *uan* (quand); *and* (grand); *ans* (dans); *ant* (pendant); *ent* (dent); *anc* (blanc); *ang* (sang).

Eu par *eu* (Europe); *heu* (heureux); *œu* (bœuf); *ue* (que); *eux* (vieux).

In par *in* (ingrat); *im* (imprudence); *aim* (faim); *ain* (crainte); *ein* (sein); *eing* (seing); *en* (mien).

On par *on* (oncle); *ond* (rond); *ong* (long); *ont* (dont); *ons* (les pluriels des verbes); *hon* (honteux); *eon* (rongeons); *om* (ombre).

Oi par *oi* (oiseau); *oie* (soie); *çoi* (il s'asseoit); *oïdium* se prononce *o-ïdium*.

Cion par *cion* (Phocion); *tion* (contemplation); *ssion* (passion); *xion* (réflexion); *scion* (nous scions); *cyon* (Alcion); *sion* (convulsion).

Ci par *ci* (ciment); *si* (ainsi); *ssy* (Passy): *cy* (Bercy).

Ou par *ou* (ouvrage); *oup* (loup); *oud* (Saint-Cloud) *ous* (sous); *out* (bout); *aou* (août, out).

Diverses lettres qui terminent ou commencent des mots ne sont pas prononcées. Ce sont principalement les *s*, les *t*, qui dans les temps de tous les verbes et les pluriels des noms, articles, adjectifs, terminent les mots : je sui*s*, il es*t*, nous somme*s*, vous ête*s*, ils son*t*; les *nt*, qui terminent la troisième personne de certains temps des verbes : ils aime*nt*, ils aimaie*nt*, ils aimeraie*nt*; les *h*, le *ph* qui se prononce *f* (philosophie). Les lettres doubles, que seuls peut-être les professeurs de français et les acteurs de la Comédie française articulent dans *r*, *n*, *m*, *p*, *f*, *l*. *t*, a*t*cindre, g*u*ère (guerre), a*n*iversaire, viole*m*ent, a*p*orter, e*f*et. Enfin il y a des lettres supprimées par l'élision, et qui sont remplacées par l'apostrophe ('), quand elles finissent le mot et se trouvent devant une voyelle et les *h* non aspirés, l'homme (pour *le* homme), l'envie (pour *la* envie), j'aime (pour *je* aime).

D'autres lettres se contractent dans certains mots, comme *du, au*, au lieu de de *le*, à *le*. On dit au féminin *la*, de *la*, à *la;* au masculin devant une consonne *le*, de *le*, à *le*, et au pluriel des deux genres *les, des, aux*, au lieu de *les*, à *les* : (le vin, du vin, au vin ; la table, de la table, à la table; l'enfant, de l'enfant à l'enfant; les hommes, les femmes, des hommes, des femmes, aux enfants).

Il est enfin d'autres lettres qui n'ont l'air d'être mises à la fin des mots que pour former le féminin, ou rappeler une étymologie latine ou autre : *tout*, *roux*, *loup*, *grand*, *gros*, *prompt*, *baptême*. Toutes ces lettres inutiles devront disparaître ; il en résultera un plus grand nombre de terminaisons semblables, et l'absence de liaisons, mais aussi l'impossibilité de faire des liaisons dangereuses.

La prononciation finale dans un grand nombre de mots varie souvent sans qu'on puisse même deviner pourquoi : on dit *neuv* hommes, *neu* soldats, un habit *neuf*. Presque toutes les consonnes finales sonnent devant les voyelles comme si elles étaient accompagnées de l'*e* muet, et ne sonnent pas devant les consonnes : un *gran* chemin, un *grant* espace, le *saint*-esprit, *sain* Jean, *set* individu, un *so* personnage, pen*dant* un orage, pen*dan* l'orage.

G ne sonne pas s'il est devant une consonne ou après le substantif : san *rouge*, bon *san*. Il sonne *c* devant une voyelle : *sanc* impur (sang impur).

L ne sonne pas dans certains mots : *fusi*, *bari*; sonne dans d'autres :

P sonne dans quelques mots devant une voyelle : *beaucoup* aimer ; ne sonne pas dans d'autres : *lou*, *tem*, *cou* (loup, temps, coup).

R sonne dans *sieur*, non dans *monsieu* [monsieur]; dans l'infinitif des verbes en *er*, devant une voyelle : *aimer* un enfant ; non devant une consonne : *aimé* le bon vin.

S ne sonne que devant les voyelles : un *tapis* indien, deux *tapi* de Turquie, un *avi* certain, un *avis* incertain; *nous* aimons, *nou* voulons, *vous* aimez, *vou* voulez.

Dans tous les mots où il indique le pluriel, *t* ne sonne pas, ni dans certains mots : *enfans*, *mets*, *respec* (respect) ; ne sonne dans les autres que devant les voyelles : *vin* soldats, *vingt* hommes; un *for* de la halle, un *fort* en thême; un *goû* dépravé, un *goût* épuré.

X devant une voyelle sonne quelquefois *ce* : *dice*, *sice* (dix, six); devant une voyelle, *s* : glorieus exploit ; devant une consonne ne sonne pas : un *glorieu* combat; *di* livres ; *si* chèvaux.

Z sonne *z* devant une voyelle, à la seconde personne de tous les verbes : vous *avez* un livre, et ne sonne pas devant les oonsonnes : vous *avé* des livres.

La formation des temps et personnes des verbes est soumise à des règles violées par tontes sortes d'exceptions que l'étude seul peut faire connaître.

Ce sont surtout les adjectifs qui, dans la formation de leur féminin et de leur pluriel, offrent le plus grand nombre d'anomalies ou exceptions. La règle est que, pour former le féminin d'un adjectif, on ajoute un *e* muet au masculin : un homme prudent, une femme prudent*e*, un fils poli, une fille poli*e*.

Voici les exceptions : les adjectifs terminés au masculin par un *e* muet ne changent pas au féminin : un homme *juste*, une femme *juste*, un ouvrier *habile*, une ouvrière *habile*. En *er*, ils prennent un accent grave sur l'*è* : léger, *légère*. Ceux terminés en *el*, *eil*, *en*, *on*, *et*, redoublent la dernière consonne à laquelle on ajoute un *e* muet : cruel, *cruelle;* vermeil, *vermeille;* ancien, *ancienne;* poltron, *poltronne;* sujet, *sujette*.

Il en est de même de ceux en *s*, *l*, *t*, *an* : bas, *basse;* gras, *grasse;* las, *lasse;* épais, *épaisse;* gentil, *gentille;* nul, *nulle;* sot, *sotte;* paysan, *paysanne*.

Des adjectifs en *et* font cependant leur feminin en ajoutant simplement un *e* muet : complet, *complête;* concret, *concrète:* discret, *discrète;* inquiet, *inquiète;* replet, *replète ;* secret, *secrète*.

Beau, nouveau, fou, mou, vieux, deviennent au masculin, devant les mots commençant par une voyelle ou par un *h* muet : bel, nouvel, fol, mol, vieil ; bel oiseau, bel homme, etc. ; et ce sont ces derniers mots auxquels on ajoute, en doublant la consonne, un *e* muet pour former le féminin : *belle, folle, molle, vieille, nouvelle.*

Les adjectifs terminés en *f* changent *f* en *ve :* tardif, *tardive ;* bref, *brève.*

En *x*, ils changent l'*x* en *s :* glorieux, *glorieuse;* heureux, *heureuse ;* — sont exceptés : doux, qui fait *douce;* faux, *fausse;* roux, *rousse ;* préfix, *préfixe.*

En *eur*, le plus grand nombre des adjectlfs font leur féminin en *euse :* parleur, *parleuse;* trompeur, *trompeuse ;* chanteur, *chanteuse ;* la plupart en *trice :* ambassadeur, *ambassadrice;* accusateur, *accusatrice;* quelques-uns en *esse :* vengeur, *vengeresse;* pécheur, *pécheresse;* d'autres en *e* muet : majeur, *majeure;* mineur, *mineure;* antérieur, *antérieure.*

Enfin, il y en a qui s'écrivent au féminin comme au masculin : un ancien *auteur* une femme *auteur*; un jeune *professeur* une jeune *professeur* ; un grand *peintre* une demoiselle *peintre.*

Terminés par *c*, ils prennent *che* au féminin : blanc, *blanche ;* sec, *sèche;* frais, bien que terminé par *s*, fait *fraiche.* — En revanche, public, caduc, turc, grec, font *publique, caduque, turque, grecque.*

Les adjectifs en *in* ont leur terminaison féminine en *igne :* malin, *maligne;* bénin, *bénigne.* — En *ine :* fin, *fine ;* — ou *ène :* ancien, *ancienne.* — *Sain* et *plein* se prononcent également *sène* et *pléne.* — En *ong*, ils font *ongue :* long, *longue;* oblong, *oblongue.* — Il y en a comme favori, coi, qui prennent *te : favorite, coite.*

Ceux en *gu* prennent un *e* muet surmonté d'un tréma : aigu, *aigüe.*

On forme le pluriel des adjectifs en ajoutant un *s* au singulier des deux genres : un homme prudent, *des hommes prudents;* une femme prudente, *des femmes prudentes.*

Toutefois les adjectifs terminés en *s* ou en *x* au singulier, ne changent pas au masculin pluriel : un gros chien, *des gros chiens*. Ceux terminés en *eau* au singulier, prennent *x* au pluriel masculin : le *beau* chemin, les *beaux* chemins.

En *al*, au masculin singulier, ils font *aux* au pluriel : un homme loyal, des hommes *loyaux*.

Mais fatal, final, glacial, nasal, papal, théâtral, naval, prennent simplement un *s* au pluriel : des froids *glacials*.

Nu prend l'*s* quand il est après le mot, non avant : pieds *nus*, *nu*-pieds. — *Demi* prend ou ne prend pas l'*e* dans les mêmes conditions : heure et *demie*, *demi*-heure.

M. Bourgeois, ministre de l'instruction publique, dans une circulaire où il invitait les examinateurs à être moins sévères pour les fautes d'orthographe, a montré que les membres de l'Académie française, comme les grammairiens, avaient à plusieurs reprises modifié l'orthographe d'un certain nombre de mots, ou laissé subsister des anomalies qui ne s'expliquent pas, et dont eux-mêmes ne peuvent donner des raisons.

Sans parler de la réforme opérée par Voltaire, qui fit changer les *o* en *a* dans les mots en *oi*, con*o*ître, par*o*ître, et qu'on écrit maintenant con*a*ître, par*a*ître, et de celles qui ont fait écrire *roy* (roi), *campaigne* (campagne), le ministre cite les singularités suivantes : maintenant *collége* doit s'écrire *colège ; phthisie*, *phtisie ; rhythme*, *rithme ; roix, loix, foux* (rois, lois, fous).

On écrit : des *alinéas*, des *agendas* et des *duplicata*, des *accessit; voir* et *s'asseoir ;* une *clef* et une *clé; payement*, *paiement* ou *paiment; dixième* et *dizaine ; douxième* et *douzaine*.

Des mots en *ou*, les uns s'écrivent avec un *x : bijoux, choux*, les autres avec un *s : clous, verrous;* on écrit : *souffrir* et *soufrir ; incivilité* et *imbécillité ; persifler* et *siffler ; apercevoir* et *apparaître ; abatis* et *abattoir ; alourdi* et *allongé ; agrégation* et *agglomération ; déchoir* et *déchéance ;* vous *dites* et vous *interdisez*.

Les avis sont partagés pour savoir s'il faut dire : des habits d'*homme* ou d'*hommes ;* des prêtres en *bonnets carrés* ou en *bonnet carré ;* des *chou-fleurs* ou des *choux-fleurs ;* des *tire-bouchons*, des *basses-cours*, des *vers à soie*, des *vice-présidents*.

Sont ensuite signalées par le ministre toutes les chinoiseries que renferment les règles sur *même*, *tout*, etc.

Ce sont toutes ces anomalies, ces bizarreries, exceptions, qui sont élaguées de la grammaire que nous publions,

GRAMMAIRE DE LANGUE INTERNATIONALE

CHAPITRE Ier

RÈGLES GÉNÉRALES

Il y a deux règles générales qui, elles-mêmes, sont corrélatives :

1° Les lettres s'écrivent comme elles se prononcent ;

2° Les lettres se prononcent comme elles s'écrivent.

En conséquence, sont supprimées les lettres qui ne s'écrivent pas, qu'elles soient au commencement, au milieu ou à la fin des mots.

Il n'est fait d'exceptions que dans certains mots où la lettre *s* peut seule indiquer le pluriel. La lettre *e* indique le féminin; ces deux lettres sont supprimées dans un grand nombre de mots. Les lettres doubles spécialement sont toutes supprimées.

Dans la langue française, l'alphabet se compose de vingt-six lettres, dont six voyelles : *a, e, i, o, u, y*, et vingt consonnes, qui sont : *b, c, d, f, g, h, j, k, l, m, n, p, q, r, s, t, v, x, z, w*.

Dans l'internationale, il se compose de vingt-deux lettres, qui sont : *a, b, c, d, e, é, f, g, h, i, j, l, m, n, o, p, q, r, s, t, u, v*.

Ces lettres se prononcent : *a, be, ce, de, e* (eu), *é* (ei), *fe, geu, ache, i, je, le, me, ne, o, pe, qu, re, ése, te, u, ve*.

Les lettres *k, y, z, w, x*. sont supprimées; en revanche, l'*e*, surmonté d'un accent aigu (*é*), forme une lettre spéciale, *é*.

Toutes les lettres de l'alphabet conservent leur son naturel. A ces lettres individuelles, il faut ajouter les mots composés de deux ou trois lettres, qui sont écrits de manière à former un son composé ou celui d'une lettre simple. Ce sont *au*, *eau*, qui se prononcent *o; ai*, *ei*, *aé*, *oé*, qui se prononcent *é; in*, *ain*, *ein*, *aim*, qui se prononcent *in;* puis *eu*, *ou*, *oi*, auxquels on peut ajouter *on* et *or* dans *don*, *or* (métal).

Sont supprimées parmi les combinaisons de lettres ayant le son d'une lettre simple : *ai*, *ei*, *ae*, *oe*, remplacés par *é; ain*, *aim*, *im* et *ein*, remplacés par *in; ai* se prononce *a-i*, comme dans a-ieul; *eau*, remplacé par *au*.

Nous allons voir, dans les chapitres suivants, comment ces règles sont appliquées, et par quelles lettres sont remplacées celles qui sont supprimées.

CHAPITRE II

Abécédaire

Voyelles : *a*, *e*, *é*, *i*, *o*, *u*.

Ces six lettres s'écrivent comme elles sonnent.

A. — *Abile*, *pale* (paille), *violaman*, *fame* (femme), *Can* (Caen), *pan* (paon), *il manja*, *qatre* (quatre).

Il est supprimé quand il ne sonne pas : *ou* (août).

E. — Est toujours muet. Il indique généralement le féminin lorsqu'il est placé à la fin des mots : *fame;* est conservé dans les mots de tous genres où il sonne : *livre*, *éme* (aime), *ome* (homme).

Il est supprimé dans les mots où il ne sonne pas : *la paté* (patée), ce qui d'ailleurs le met dans la catégorie des mots *bonté*, *charité; je pri*, *nous priron*, *fé*, *jéni* (génie), *violaman* (violemment), *violance* (violence).

É. — *Etude*. Remplace *è* ouvert, *ae*, *oe*, *ai*, *ei*, *eh*, *hé*, *ue*, *oi : suqcé*, *éter* (œther), *équménique* (œcuménique), *éder* (eider), *é* (eh !), *éla* (hélas), *qéte* (quête), *réde* (roide), *émer* (aimer).

I. — *Ironie.* Remplace dans tous les mots *y* : *séfir* (zéphyr), *iatagan, alcion.* S'écrit seul quand il est précédé ou suivi de lettres qui ne sonnent pas : *ibride, iver* (hiver) *qi* (qui).

O. — *Orange, or, onéte, ouragan, obcetacle, oisau, auteur, aubade, au* (eau), *bau* (beau). S'écrit seul quand il est précédé ou suivi d'une lettre qui ne sonne pas : *o* (oh !), *ome* (homme), *Sone* (Saône).

U. — *usage, unité.* S'écrit seul dans les mots où il est joint à une lettre qui ne sonne pas : *je u* (j'eus), *gajure* (gageure), *umeur* (humeur).

Est suprimé dans les mots où il ne sonne pas : *qe, qi, qolibet, qatre, gide, begin* (guide, beguin), *rom* (rhum).

CONSONNES

B. — *ba, be, bé, bi, bo, bu; bâton, bedau, bélié, bitume, boéme, buche.*

Il n'est jamais redoublé : *abé, rabin.*

Il est supprimé dans les mots où il ne sonne pas : *plon.*

C. — Est toujours doux comme dans les mots où il prend une cédille, laquelle est transitoirement conservée : *ça, ce, cé, ci, ço, çu ; çale* (salle), *cela, céle* (selle), *cime, çociable* (sociable), *çuave* (suave).

Il est supprimé dans les mots où il ne sonne pas : *écetoma* (estomac), *écecro* (escroc).

Il ne se redouble pas : *acor* (accord), *acuser.*

Il remplace les lettres *s, t,* dans les mots où elles ont le son de *c* avec ou sans cédille : *çajéce* (sagesse), *pacion* (passion), *contanplacion, convulcion, çieur* (scieur).

Il est remplacé par *q* quand il a le son dur et dans les mots où *x* sonne comme deux *cc* : *éqcepcion, réfléqcion.*

D. — *da, de, dé, di, do, du; date, devoir, débacle, divin, dome, duel.*

Il est supprimé dans les mots où il ne sonne pas à la fin des mots : *pié, gran, profon* ; n'est jamais redoublé : *adicion, aduqcion.*

F. — *fa, fe, fé, fi, fo, fu*; *famine, fenêtre, férie, figure, folie, fugitif*.

A la fin des mots, il est supprimé quand il ne sonne pas : *clé;* comme il le fait dans *vif, beuf, euf, cerf*, et doit le faire dans *euf* et *beuf* au pluriel : des *euf*, des *beuf*.

Il remplace dans tous les mots *ph* : *filosofie, fisiqe* (physique).

Il n'est jamais redoublé : *aféqter, afiche*.

G. — Se prononce toujours dur comme dans *ga* et *gu* : *ga, ge, gé, gi, go, gu; gage, genilie*, (guenille), *gogète, gutural*; est remplacé par *j* dans tous les mots où il a le son doux, au milieu comme à la fin des mots : *jénéreu, jite, jeste, oblije, qoléje, gajure*.

Il n'est jamais redoublé : *agraver, aglomération*; est supprimé dans les mots où il ne sonne pas : *manianime* (magnanime), *ciniature* (signature), *oin* (oingt), *vintaine, doi* (doigt), *bour* (bourg), *san* (sang), *sin* (seing).

Il est conservé dans les mots où il doit sonner : *diag-nostic, ag-na*.

H. — Est supprimé au commencement de tous les mots sans exception : *ache* (hache), *eureu, ébreu, iver, ome* (homme), *umin* (humain); (id.) au milieu et à la fin des mots, où il ne sonne pas : *filarmonie, qoabiler, aborer, almana, o* (exclamation), *loq* (loch), *téatre*,

Est remplacé par *f* dans tous les mots où il se trouve après *p* : *filosofie, filarmonie, fisiqe* (physique); par *q* dans les mots où après le *c* il a ce son : *qirografère, orqidée, qolère, arqéologie, Cetoqolm* (Stocholm).

Il reste après le *c*, quand il sonne : *chapeau, cheval, chêne, chirurgie, chûte, archevêque, architécte.*

J. — *Ja, je, jé, ji, jo, ju; jalou, Jésu, joli.*

Remplace le *g* dans tous les mots où cette lettre a le son doux comme devant *e, ea, éo, i* : *jenou, jêne, jibier, il manjea, jolié* (geôlier), il ne se redouble jamais.

L. — Se prononce toujours : *la, le, lé, li, lo, lu lâche, levin* (levain), *létre* (lettre), *livre, literie, lune.*

N'est jamais redoublé : *vile* (ville), *bèle, iléjitime, bule, aléatoire, alonjer.*

Il n'y a par conséquent pas d'*l* mouillé ; et l'*i* qui le mouille ne se prononce pas ou est supprimé : *file* (fille), *pale* (paille), *bale* (bail), *somél* (sommeil), *traval* (travail).

Une des *l* est remplacée au contraire par *i* quand c'est *i* qui sonne : *qotilion* (cotillon).

L'*l* est supprimé dans les mots où il ne sonne pas : *fusi, fice* (fils), *bari, outi, çou* (soul), *çourci.*

M. — *Ma, me, mé, mi, mo, mu.*

Est remplacé par *n*, partout où il a le son nasal : *qonbler, qonparer, autone* (automne), *pron* (prompt), *daner* (damner), *conte* (compte, comte), *non* (nom), *fin* (faim), *Adan, parfun.*

Est maintenu quand il doit sonner : *Agamemnon, Amsterdam, Roterdam ;* n'est jamais redoublé : *imédiate, imense, élégaman* et autres propositions finissant par *mment.*

N. — *Na, ne, né, ni, no, nu ; nage, négation, Nice, novice, nul.*

Après *a* prend le son nasal : *an, anqre, angraver, éqcpédian* ; n'est redoublé que lorsque les deux *n* sonnent séparément : *an-née, an-nivrer.* Devant une voyelle sonne naturellement : *inonbrable, anéqce* (annexe).

P. — *Pa, pe, pé, pi, po, pu ; patrie, petit, pène, pioche, populacion, publiq.*

Est maintenu au milieu des mots et à la fin, quand il sonne : *pçome* (psaume), *rédanpcion, indonptable, alep, cap.*

Est supprimé dans tous les mots où il ne sonne pas : *lou* (loup), *conte* (compte), *Batiste, batème, can* (camp), *cét* (sept), *tan* (temps).

Dans *ph* il est remplacé par *f* : *filarmonie.* Il ne se redouble jamais : *aprandre, fraper.*

Q. — Remplace *qu, c* dur, *ch,* ayant le son de *k* : *qa, qe, qi, qo, qu, qiqonqe, qel, qroqodile,* *qaduq, qirografère, arqéolojie, qruel, qatre, qronolojie, qilograme, qangourou.*

R.— *Ra, re, ré, ri, ro, ru; raje, revenir, réson, rive, roman, rujir.*

Est maintenu à la fin des mots où il sonne : *plésir, cieur* (sieur), *amer, fer;* et dans les infinitifs des verbes en *er*, où il se prononce d'ailleurs comme dans les mots étrangers : *Ecetér* (Esther), *Qinpér* (Quimper).

Ne se redouble jamais : *parin* (parrain), *barc, je mouré, érér, irégulié, are* (arrhes).

S. — *Sa, se, sé si so, su.*

Remplace le *z* (za, ze, zé, zi, zo, zu) : *sone* (zone), *sing* (zing), *séfir, asile.*

Est remplacé par *c* dans tous les mots où il a le son de *c* doux ou avec cédille : *fice* (fils), *gratice bloquce, vice* (vis), *aloècc, Baqucc* (Bacchus), *qoruce* (chorus), *un oce, dé oce* (os), *çage* (sage), *pacion* (passion), *cèle* (selle), *cetabilité* (stabibité), *çuave* (suave), *monocilabe, déçuétude* (désuétude).

Est supprimé à la fin des mots où il ne sonne pas : *tapi, avi, remor;* et dans tous les mots où il indique le pluriel, excepté dans *ils, èles, leurs : nou çome* (sommes), *vou éte, dé plaisir, lé vertu, nou émon* (aimons).

Il ne se redouble jamais.

T.—*Ta, te, té, ti, to, tu; taba, tenu, tête, timide, tolérance, tube.*

Est remplacé par *c* et *ce* dans tous les mots où il sonne *ci* : *pacian* (patient), *racion, vénicien* (vénitien), *saciété, démoqracie, inepcie.*

Est maintenu dans toutes les fins de mots où il sonne : *abjeqt. brut, granit, toaçt* (toast).

Est supprimé dans tous les mots où il ne sonne pas : *récepéq* (respect), *vin* (vingt), *un for* (fort), *gou* (goût), *il par* (part), *ils son, ils éme, ils émeré* (ils aiment, ils aimeraient).

Ne se redouble jamais : *pitoréceqe* (pittoresque), *gutural, aticisme, atandri.*

V. — *Va, ve, vé, vi, vo, vu; valeur, Venise' aéne* (veine), *vivre, voleur, vue.*

W. — Le double *w* est remplacé partout par *v* : *vauqçal*, *vig*, *vécetfalie* (Westphalie) ; dans certains mots étrangers par *ou*, *eu* : *ouicct* (whist), *Neutone* (Newton).

X. — Est supprimé et remplacé par les lettres dont il tient la place, savoir :

Par *qc* : *Aléqçandre* (Alexandre), *éqcetrême* ;
Gs : *Gsavier*, *égsercice*, *Gsénofon*, *Gsércès*.
Q : *éqcépcion* (exception), *éqçélan*.
C : *Brucèle*, *Aucère* (Auxerre).
S : *dousième*, *sisième*.
Ce : *dice* (dix).

Y. — Est supprimé partout et remplacé par *i* : *iole*, *iatagan*, *séfir* (zéphyr).

Z. — Est supprimé et remplacé par *s*, et à la fin des mots où il ne sonne pas par *ce* : *fêce* (fez).

Comme l'*s* il est supprimé quand il désigne le pluriel : *vou avé* (vous avez).

LETTRES NASALES — DIPHTHONGUES

Les lettres nasales sont celles formées par la combinaison de *a*, *e*, *i*, *o*, *u*, avec les lettres *m* et *n* : *an*, *am*, *ean*, *em*, *en*, *eon*, *ain*, *in*, *im*, *aim*, *ein*, *on*, *om*, *un*, *um*, *eun*.

Sont conservés : *an*, *in*, *on*, *un*.

An. — *Ange*. Remplace *am*, *em*, *ean*, *en* : *anbicion*, *anfan* (enfant), *anmener*, *Jan* (Jean).

Il remplace également les lettres qui servent à le faire sonner : *Qan* (Caen), *pan* (paon).

In. — *Injure*. Remplace *aim*, *ain*, *ein*, *im*, *ien* : *fin* (faim), *inci* (ainsi), *sin* (sein, seing), *inpossible*, *qréti-in* (chrétien), *bi-in*, *mi-in*.

On. — *Oncle*. Remplace *om*, *eon*, *hon* : *onbre*, *ronjon* (rongeons), *onte*.

Un. — *Un*. Remplace *um*, *hum*, *eun* : *unble* (humble), *parfun* (parfum), *à jun* (à jeûn).

Les lettres doubles *oi*, *ou*, *eu*, *ian*, *ui*, *ieu*, *iou*, *oué*, *ié*, *oua*, *oé*, *uin*, etc., qui font entendre le son de deux voyelles par une seule émission de voix : *loi, ouragan, eureu, viande, lui, Dieu, nou émion, ouest, moitié, éqouacion, moële, juin*, sont conservées.

Eu. — *Eufémisme.* Il remplace *euh, heu, eux, œu : euf, beuf, eureu, eu* (interjection), *eu* (eux).

Oi. — *Oisau.* Remplace *eoi : açoir* (asseoir), *vilajoi* (villageois).

Au, qui se prononçant *o*, devrait être remplacé par cette lettre, est conservé parce qu'il est employé dans beaucoup de mots français.

Lorsque deux voyelles qui se suivent doivent se prononcer, on les sépare par un tiret, qui dans ce cas supplée aussi l'*y* et le tréma : *o-idiome, a-ieul, na-if, nou a-içon, nou pri-ion, nou ploi-ion, a-uri.*

CHAPITRE III

Prosodie

ACCENTS

Sont supprimés les accents grave (\`), et circonflexe (^). Il n'y a qu'un seul accent, l'accent aigu (´), placé sur l'*é* fermé, c'est-à-dire se prononçant *ei : étc, abé, féte, procé.*

PONCTUATIONS

Le point (.) termine la phrase ; la virgule (,) en sépare les membres. Les deux points (:), le point et virgule (;), le point d'interrogation (?), le point d'interjection (!), et le tréma (¨), sont supprimés.

La cédille (¸), qu'on trouve sous le *ç* pour le rendre doux, est maintenue jusqu'à ce que la prononciation du *c* dur soit oubliée.

Les signes ( ) qui indiquent la parenthèse, sont remplacés par des virgules.

L'apostrophe ('), qui remplace une voyelle devant une voyelle ou l'*h* muet, *l'amitié, l'homme, je t'aime*, est supprimée : *la amitié, le ome, je éme toi* ou *je te éme.*

MOTS

Les mots se divisent en substantifs, articles, adjectifs, pronoms, verbes, prépositions, adverbes, conjonctions, interjections.

CHAPITRE IV

Substantif

Le substantif est tout mot qui sert à nommer une personne, un animal, une chose.

Les substantifs ont tous deux genres, le genre masculin et le genre féminin. Celui-ci se distingue du premier en ce qu'il est terminé par l'*e* muet et précédé de l'article *la*, tandis que le masculin l'est par l'article *le*.

Les noms d'hommes et de mâles sont tous du masculin : *le mari, le lion;* les noms de femmes et de femelles sont tous du féminin : *la mère, la lione.*

Par l'usage ou par imitation, des choses qui ne sont ni mâles ni femelles reçoivent le masculin et le féminin : *le livre, la table.*

Il y a deux nombres : le singulier, qui ne représente qu'une personne, une chose, et le pluriel, qui en représente plusieurs : *dé livre, dé table.*

Les substantifs sont invariables chacun dans leur *genre*. La lettre *s*, qui caractérise surtout le pluriel, est supprimée comme elle l'est au singulier dans les mots où elle ne sonne pas. Quelques mots, comme nous le verrons plus tard, la conservent seuls, pour faire distinguer le pluriel du singulier : *le boi, lé boi; la çouri, lé çouri; la fame, lé fame; le ome* (l'homme), *lé home* (les hommes); *dé voi* (des voix); *dé noi-iau* (des noyaux); *dé feu; dé mo* (des mots).

Le pluriel est toujours semblable au singulier : *un ciel, dé ciel; un eul, dé eul* (un œil, des yeux); *un beuf, dé beuf; le cheval, lé cheval; le travai, lé travai* (travail).

Les noms composés s'écrivent comme s'ils ne faisaient qu'un seul mot : *dé choufleur, dé tirebouchon, dé viceprésidan.*

L'*e* muet reste dans les mots masculins dont le genre est indiqué par l'article : *le cinje* (singe), *le meuble, le mouce* (mousse).

Les homonymes sont les mots qui, se prononçant de la même manière, qu'ils soient ou non écrits de la même façon ou avec la même orthographe, ont un sens différent. Nous en avons donné ailleurs plusieurs exemples.

Il y a un certain nombre de substantifs qui, bien que du genre masculin ou féminin, s'appliquent à des mâles et à des femelles : *la jirafe, le çaumon* (saumon), *la grive, le moinau.*

Ordinairement le féminin se forme en ajoutant un *e* muet à la fin du masculin : *le lion, la lione; le chien, la chiéne.* — Il en est d'autres où les deux genres sont plus ou moins distincts : *le ome, la fame; le coq, la poule; le torau, la vache; le bouq, la chèvre; le père, la mère.* Il est inutile de chercher comment ces transformations se font; c'est une affaire de mémoire.

Les noms d'hommes, de pays, seront écrits comme ils sont dans chaque nation, avec leur prononciation locale : *Pari, Lonedone* (Londres), *Vénésia* (Venise), *Jénova* (Gênes), *Cévilia* (Séville),

Angland) Angleterre), *Maince* (Mayence), *Franqfurt* (Francfort), *Nouiorq* (New-York), *Chéqcepir* (Schakespeare), *Ba-irone* (Byron) *Geute*, (Gœthe).

Article

L'article est un mot que l'on place devant un nom, pour annoncer que ce nom est clairement indiqué.

Le pour le masculin, *la* pour le féminin, *lé* pour les pluriels masculins et féminins.

Le père, de le père, à le père, lé père, de lé père, à lé père — la mère, lé mère, de la mère, à lé mère — lé enfan, de lé enfan, à lé enfan — lé fame, de lé fame, à lé fame.

La lettre qui suit *l* n'est jamais élidée, c'est à dire retranchée : *le arjan, de le arjan — la icetoire* (histoire), *de la icetoire, lé icetoire — lé ome* (hommes).

Adjectif

L'adjectif est un mot que l'on ajoute au nom pour le qualifier ou pour le déterminer.

Les adjectifs s'accordent en genre et en nombre avec les substantifs, Comme ceux-ci ils ne prennent pas de *s* au pluriel, et prennent tous pour former leur féminin, l'*e* muet, accompagné quelquefois, pour les rapprocher des adjectifs français, d'une autre lettre qui est celle supprimée à la terminaison de ceux-ci. Les lettres qui ne sont pas prononcées sont supprimées — *gran, for,* — Celles qui sont maintenues sonnent. *Long*. (pr. longue). *abil*, (pr. abile). *çaj* (sage). Il se met toujours après le substantif

Masculin	Féminin	Masculin	Féminin
poli	*polie*	*pé-isan*	*pé-isane*
bon	*bone*	*tronpeur*	*tronpeure*
just	*juste*	*chanteur*	*chanteure*
cruel	*cruéle*	*vanjeur*	*vanjeure*
vermel	*verméle*	*antérieur*	*antérieure*
ancien	*anciéne*	*antié*	*antiére*
nul	*nule*	*fran*	*france*
ba	*bace*	*cin*	*cinte* (saint)
gra	*grace*	*qaduq*	*qaduqe*
gro	*groce*	*abil*	*abile*
épé	*épéce*	*tardif*	*tardife*
janti	*jantile*	*bréf*	*bréfe*
bel	*bèle*	*dou*	*douce*
fol	*fole*	*fau*	*fauce*
nouvel	*nouvèle*	*rou*	*rouce*
mol	*mole*	*so*	*sote*
viel	*vièle*	*auteur*	*auteure*
eureu	*eureuse*	*aqusateur*	*aqusateure*
anbaçadeur	*anbaçadeure*	*anchanteur*	*anchanteure*
pécheur	*pécheure*	*mineur*	*mineure*
majeur	*majeure*	*égu*	*égue*
léjé	*léjére*	*céc*	*cèce*
blan	*blance*	*cin*	*céne* (sain)
gran	*grande*	*gréq*	*gréqe*
publiq	*publiqe*	*çaj*	*çaje* (sage)
prudan	*prudante*	*malin*	*maline*
qonplé	*qonpléte*	*plin*	*pléne*
disqré	*disqréte*	*bénin*	*bénine*
inqié	*inqiéte*	*favori*	*favorite*
		lon	*longe* (longue)

Le pluriel est indiqué par le substantif et l'article. Il est toujours semblable au singulier : le chemin gran, *lé chemin gran, un home loial, dé ome loial, dé froi glacial, dé pré bau, dé tan pesan, dé fame blance, dé vache grace.*

Adjectifs possessifs

Ils marquent la possession. (Masc.) *mon, ton, çon;* (fém.) *ma, ta, ça:* (pluriel des deux genres) *mé, té, cé* : mon chien, ton cheval, çon chapau, ma table, ta plume, ça méson, mé abi. té bote, cé coulié, çon livre. (Singulier et pluriel des deux genres) *notre, votre, leur, no, vo, leurs.* Leurs prend l's au pluriel pour indiquer le pluriel des mots qu'il précède : leur table, leurs table.

Adjectifs numéraux

Ils servent à compter, sont invariables — *un, deu, troi, qatre, cinq, cice, cét, uit, neuf, dice, onse, douse, trèse, qatorse, qinse, cèse, dicéte, disuite, disneuf, vin, trante, qarante, cinqante, çoiçante, qatrevin, qatrevindice, çan, mil.*

Ils sont toujours représentés dans l'écriture par les chiffres arabes 1, 2. 3, 4, 5. 6, 7, 8, 9, 10, 11, 12, 13, 14, 15, 16, 17, 18, 19, 20, 30, 100, 1,000.

Numéraux ordinaux

Ils ont les deux genres, mais pas de pluriel : *le premié, la premiére, lé premié, lé premiére.*

Adjectifs indéfinis

Ils indiquent vaguement la personne. Ils sont en général invariables : *autre, chaqe, même, plusieur, qelqe, qelqonqe, qel, tel, min* (maint), *tou.* Ont les deux genres *un, une, auqun, auqune.*

CHAPITRE V

Pronoms

Ils tiennent la place du nom. Ils sont des deux genres, invariables, chacun dans leur genre seulement, excepté *il* et *éle*, qui prennent un *s* au pluriel, pour distinguer le pluriel des mots dont ils tiennent la place.

Pronoms personnels

Je, me, moi, nou; tu, te, toi, vou; il, éle, ils, éles, eu; le, la, lé, lui; ce, çoi, eu.

Quand deux pronoms accompagnent le verbe, le second se place après le verbe : *je promène moi, tu voi nou, nou parlon à lui, à eu, ils... éles regarde eu*, en parlant du vin, *je boi de lui* (j'en bois); *je çui lui* (je le suis), *il ème soi*, (il s'aime), *il parle à eu* (il leur parle).

Démonstratifs

Indiquent une personne, une chose. Sont des deux genres et des deux nombres : Singulier, *celui, cèle, celui-ci, celui-là;* pluriel, *ceu, cèles.* Sont invariables *ce, ceçi, cela.*

Possessifs

Le notre, la votre, le leur, lé notre, lé votre, lé leurs.

Les pronoms *le mien, le tien, le sien, les miens* et leurs féminins sont supprimés et remplacés par les prénoms *à moi, toi, çoi ; ce livre é à moi* (ce livre est le mien).

Conjonctifs ou relatifs

Ce sont les prénoms qui lient les mots. Ils sont invariables ; *qe, qi, qoi, don — Dieu qi a créé le monde, celui don je parle.*

Exception : lequel se décline comme le substantif : lequel, de lequel, a lequel : *la qele, de la qèle, à la qèle, lé qel, léqéle.*

Pronoms indéfinis

Ce sont ceux qui représentent vaguement les personnes. Ils sont invariables : *ou, autrui, perçone, plusieur, qiqonque* (quiconque), *tel, autre, ri-in,* (rien), *tou, nul.* Exception, *chaqun, chaqune, un, une, certin, certène.*

CHAPITRE VI

Verbes

Le verbe est un mot dont on se sert pour exprimer l'action. Il est composé de temps qui expriment d'une manière plus spéciale le présent, le passé, le futur.

Sont supprimés ceux de ces temps qui expriment des nuances difficiles pour beaucoup à saisir : le passé antérieur, les deux futurs antérieurs, l'imparfait et l'imparfait passé du subjonctif. Le participe, présent ou passé, est invariable.

Les consonnes finales qui ne doivent pas sonner à la fin des mots sont supprimées : *je çui* (suis), *tu é* (es), *il é* (est), *nou çome* (sommes), *vou éte* (êtes), *ils çon* (sont) ; *ils émère* (aimèrent) *je ron* (romps), *je répon* (réponds), *je pri* (prie), *je boi* (bois).

Celles qui sont suivies de l'e muet et qui sonnent sont maintenues : *je gronde, je manje, je grate.*

Le régime se met toujours après le verbe : en parlant d'un livre, *je li lui* (je le lis), d'une personne, *je parle à èle* (je lui parle), *je regarde moi* (je me regarde), *il mouche lui* (il se mouche).

Verbes auxiliaires

Ce sont ceux qui se conjuguent avec les autres verbes dans certains temps composés : les passés indéfini et antérieur, le plus que parfait de l'indicatif, le futur passé et le plus que parfait du subjonctif, et avec les verbes passifs. Ces verbes sont avoir et être.

Les temps conservés sont : l'indicatif, l'imparfait, le passé ou prétérit défini, le passé ou prétérit indéfini, le plus que parfait, l'infinitif, le participe présent, le participe passé.

Avoir. — Infinitif, *avoir*. Indicatif, *je a, tu a, il a, nou avon, vou avé, ils avon*. Imparfait, *je avé. tu avé, il avé, nou avion, vou avié, ils avé*. Passé, *je u. tu u, il u, nou ume, vou ute, ils ure*. Passé indéfini, *je a u, tu a u, il a u, nou avon u, vou avé u, ils avon u*. Plus que parfait, *je avé u, tu avé u, il avé u, nou avion u, vou avié u, ils avé u*. Futur. *je auré, tu aura, il aura, nou auron, vou auré, ils auron*. Antérieur, *je auré u, tu aura u, il aura u, nou auron u, vou auré u, ils auron u*. Impératif, *é, éion, éié*. Subjonctif, *qe je é, qe tu é, qil é, qe nou éion, qe vou éié, qe ils é*. Plus que parfait, *qe je uce u, qe tu uce u, qe il uce u, qe nou ucion u, qe vou ucié u, qe ils uce u.* Participe présent, *éian.*Passé, *u, éian u.*

Etre. — Infinitif, *être.* Indicatif, *je çui, tu é, il é, nou çome, vou céte, ils çon.* Imparfait, *je été, tu été, il été, nou étion, vou étié, ils été.* Passé, *je fu, tu fu, il fu, nou fume, vou fute, ils fure.* P. indéf., *je a été, tu a été, il a été, nou avon été, vou avé été, ils on été.* Plus-que-parf., *je avé été, tu avé été, il avé été, nou avon été, vou avé été, ils avé été.* Futur, *je ceré, tu cera, il cera, nou ceron, vou ceré, ils ceron.* F. antérieur, *je auré été, tu aura été, il aura été, nou auron été, vou auré été, ils auron été.* Impératif, *çoi, çoiion, çoiié.* Subjonctif, *qe je çoi, qe tu çoi, qe il çoi, qe nou çoiion, qe vou çoiié, qe ils çoi.* Plus-que-parf., *qe je uce été, qe tu uce été, qe il uce été, qe nou ucion été, qe vou ucié été, qe ils uce été.* Participe prés., *étan.* P. passé, *été, éian été.*

Verbes réguliers. — Première conjugaison, en *er*

Aimer. Infinitif, *Émer. Je éme, tu éme, il éme, nou émon, vou émé, ils éme. Je émé, tu émé, il émé, nou émion, vou émié, ils émé. Je éma, tu éma, il éma, nou émame, vou émate, ils émère. Je a émé, tu a émé, il a émé, nou avon émé, vou avé émé, ils on émé. Je avé émé, tu avé émé, il avé émé, nou avion émé, vou avié émé, ils avé émé. Je émeré, tu éméra, il émera, nou émeron, vou émeré, ils émeron. Je auré émé, tu aura émé, il aura émé, nou auron émé, vou auré émé, ils auron émé; éme, émon, émé. Qe je éme, qe tu éme, qe il éme, qe nou émion, qe vou émié, qe ils éme. Qe je uce émé, qe tu uce émé, qe il uce émé, qe nou uçion émé, qe vou uçié émé, qe ils uçe émé; éman, émé, éian émé.*

Conjuguer ainsi : Percer, *nou perçon;* jujer, *nou jujon;* apeler, *nou apelon;* jeter, *je jete;* protéjer, *je protèje;* ploiier, *je ploi; éçuier*

(essuyer) ; *je éçui;* prier, *je pri, nou prion;* qopier, *je qopi;* anvoiier, *je anvoi.*

2e conjugaison, en *ir*

Finir. — *Je fini, tu fini, il fini, nou finiçon, vou finicé, ils finice. Je finicé, tu finicé, il finicé, nou finicion, vou finicié, ils finicé. Je fini, tu fini, il fini, nou finime, vou finite, ils finire. Je a fini, tu a fini, il a fini, nou avon fini, vou avé fini, ils on fini. Je avé fini, tu avé fini, il avé fini, nou avion fini, vou avié fini, ils on fini. Je finiré, tu finira, il finira, nou finiron, vou finiré, ils finiron. Je auré fini, tu aura fini, il aura fini, nou auron fini, vou auré fini, ils auron fini. Fini, finiçon, finicé. Qe je finice, qe tu finice, qe il finice, qe nou finiçion, qe vou finicié, qe ils finice. Qe je uce fini, qe tu uce fini, qe il uce fini, qe nou ucion fini, qe vou ucié fini, qe ils uce fini; finiçan, fini, éian fini.*

3e conjugaison, en *oir*

Recevoir. — *Je reçoi, tu reçoi, il reçoi, nou reçoivon, vou reçoivé, ils reçoive. Je reçoivé, tu reçoivé, il reçoivé, nou reçoivion, vou reçoivié, ils reçoivé. Je reçu, tu reçu, il reçu, nou reçume, vou reçute, ils reçure. Je a reçu, tu a reçu, il a reçu, nou avon reçu, vou avé reçu, ils on reçu. Je avé reçu, tu avé reçu, il avé reçu, nou avion reçu, vou avié reçu, ils avé reçu. Je recevré, tu recevra, il recevra, nou recevron, vou recevré, ils recevron. Je auré reçu, tu aura reçu, il aura reçu, nou auron reçu, vou auré reçu, ils auron reçu. Reçoi, reçoivon, reçoivé. Qe je reçoive, qe tu reçoive, qe il reçoive, qe nou reçoivion, qe vou reçoivié, qe ils reçoive. Qe je uce reçu, qe tu uce reçu, que nou ucion reçu, qe vou ucié reçu, qe ils uce reçu; recevan, reçu; éian reçu.* (Id. apercevoir, percevoir, qoncevoir).

4e conjugaison, en *re*

Rompre. — *Je ron, tu ron, il ron, nou ronpon,*

vou ronpé, ils ronpe. Je ronpé, tu ronpé, il ronpé, nou ronpion, vou ronpié, ils ronpé. Je ronpi, tu ronpi, il ronpi, nou ronpime, vou ronpite, ils ronpire. Je a ronpu, tu a ronpu, il a ronpu, nou avon ronpu, vou avé ronpu, ils on ronpu. Je ronpré, tu ronpra, il ronpra, nou ronpron, vou ronpré, ils ronpron. Je auré ronpu, tu aura ronpu, il aura ronpu, nou auron ronpu, vou auré ronpu, ils auron ronpu. Ron, ronpon, ronpé. Qe je ronpe, qe tu ronpe, qe il ronpe, qe nou ronpion, qe vou ronpié, qe ils ronpe. Qe je uce ronpu, qe tu uce ronpu, qe il uce ronpu, qe nou ucion ronpu, qe vou ucié ronpu, qe ils uce ronpu; ronpan, ronpu, étan ronpu. (Id. *atandre, répandre, çuccpandre* (suspendre), *mordre, perdre, çourire* (sourire), *lire, tordre*).

Participes

Il y a deux participes : le présent et le passé; tous deux sont invariables. Le participe présent finit en *an* : *Une anfan lisan, une jeune fame lisan, dé ome é fame lisan.*

Le participe passé finit en *é* dans les verbes en *er*, *émé;* par *i* dans les verbes en *ir*, *fini;* par *u*, dans les verbes en *oir* et en *re* : *reçu, ronpu.*

Une personne émé, géri (guéri), *reçu, atandu; dé perçone émé, géri, reçu, atandu.*

Les participes ne finissant pas par *é*, *i*, *u*, appartiennent à des verbes irréguliers dont nous parlerons bientôt.

Verbes passifs

Ce sont ceux qui se conjuguent à tous leurs temps avec le verbe être : *je çui, tu é, il é, nou çome, vou céte, ils* ou *éles son émé; être émé.*

Les verbes pronominaux, c'est-à-dire qui se conjuguent avec deux pronoms, sont supprimés, le second pronom se mettant toujours après le verbe : *je éme moi, il éme lui* (je m'aime, il s'aime).

Verbes impersonnels

Ce sont ceux qui ne se conjuguent qu'à la troisième personne : *il grèle, il nèje; néjan, néjé ; il pleu, il pleuvé, pleuvoir ; il fau, il falé, il faudra, qe il fale ; faloir, falu.*

Neutres

Ce sont ceux après lesquels on ne peut pas mettre qelqun, qelque chose, ou qui ne prennent pas un régime : *partir, mètre, çortir* (sortir), *çuqcéder* (succéder).

CHAPITRE VIII

Verbes irréguliers

Ce sont ceux qui, pour la formation des temps ou des personnes, renferment des anomalies spéciales. Le nombre en sera moins grand que dans la grammaire française, à causes des simplifications qui y seront introduites ; toutefois, il s'agira, comme pour les adjectifs, d'une question de mémoire surtout, car les règles données pour expliquer ou appliquer ces irrégularités, sont plus difficiles à retenir que les mots eux-même s.

Il n'y aura guère plus, à cause des simplifications faisant rentrer les *personnes* des verbes dans la règle générale, que les verbes auxiliaires *avoir* et *être*, qui continueront à être complètement irréguliers.

Tous ceux qui le sont d'une manière très accentuée dans la langue française, se conjugueront de même que les verbes dont ils ont la terminaison.

Dans une grammaire qui devrait être mise entre les mains des élèves, il faudrait écrire tout au long, les personnes et les temps comme ils devraient être conjugués. Nous nous bornerons à mettre les temps et les personnes qui indiquent la nouvelle orthographe. Il est nécessaire cependant, pour remplacer les temps et les personnes qui manquent, d'indiquer les règles générales qui président à la formation des conjugaisons.

Dans les verbes irréguliers, comme dans les autres, il n'y a pas de passé ou prétérit antérieur, de futur conditionnel présent et passé, d'imparfait du subjonctif, ni de passé du subjonctif.

Le passé ou prétérit indéfini, le plus-que-parfait, le futur passé ou antérieur, le plus-que-parfait du subjonctif, un des participes passés, se conjuguent avec le verbe avoir, comme dans les verbes réguliers.

Au singulier, les trois premières personnes ont la même terminaison à l'indicatif, à l'imparfait, au passé défini, au subjonctif. Elles font au futur : re, ra, ra.

Au pluriel, les trois dernières personnes se terminent : indicatif, en é, on, e ; imparfait, ion, ié, é ; passé (1re conj.), ame, ate, ère ; (2e) ime, ite, ire ; (3e) ume, ute, ure ; (4e) ime, ite, ire ; futur, ron, ré, ron ; subjontif, ion, ié, e ; impératif, pluriel, on, é.

Les exceptions, quand il y en a, sont indiquées dans les conjugaisons abrégées.

A

(Absoudre). *Abçoudre.* Je abçou, nou abçouvon, je abçouvé, nou abçouvion, je a abçou, nou avon abçou, je avé abçou, nou avon abçou, je abçoudré, nou abçoudron, je aurai abçou, nou auron abçou, abçou, abçouvon, abçouvé, qe je abçouve, qe nou abçouvion, qe je uce abçou, qe nou ucion abçou, abçouvon, abçou, éian abçou.

(Acquérir). *Aqérir.* Je aqère, nou aqéron, je aqéré, nou aqérion, je aqi, nou aqimes, je a aqi, nou avon aqi, je avé aqi, nou avon aqi, je aqéré, nou aqéron, je auré aqi, nou auron aqi, aqère, aqéron, qe je aqère, qe nou aqérion, qe je uce aqi, qe nou ucion aqi, aqéran, aqi (Id. *qonqérir*).

(Aller). *Aler.* Je ale, nou alon, je alé, nou alion, je a alé, nou avon alé, je avé alé, nou avion alé, je aleré, nou aleron, je auré alé, nou auron alé, ale, alon, qe je ale, qe nou alion, qe je uce alé, qe nou ucion alé, alan, alé. (Id. *ce en aler* (s'en aller).

(S'asseoir). *Açoir çoi.* Je açoi moi, nou açoion nou, je açoiié, nou açoiion, je aci, nou acime, je a aci, nou avon aci, je avé aci, nou avion aci, je açoiré, nou açoiron, je auré aci, nou auron aci, açoi toi, açoiion nou, qe je açoi, qe nou açoiion, qe je uce aci, qe nou ucion aci, açoian, aci.

(Haïr). *A-ir.* Je a-i, nou a-içon, je a-icé, nou a-icion, je a-i, nou a-ime, je a a-i, nou avon a-i, je avé a-i, nou avion a-i, je a-iré, nou a-iron, je auré a-i, nou auron a-i, a-i, a içon, qe je a-ice, qe nou a-icion, qe je uce a-i, qe nou ucion a-i, a-içan, a-i.

(Envoyer). *Anvoiier.* Je anvoi, nou anvoiion, je anvoiié, nou anvoiion, je anvoiié, nou anvoiiame, je a anvoiié, nou avon anvoiié, je avé anvoiié, nou avon anvoiié, je anvoiré, nou anvoiron, je auré anvoiié, nou auron anvoiié, anvoi, anvoiion, qe je anvoi, qe nou anvoiion, qe je uce anvoiié, qe nou ucion anvoiié, anvoiian, anvoiié.

B

(Battre). *Batre.* Je ba, nou baton, je baté, nou bation, je bati, nou batime, je a batu, nou avon batu, je avé batu, nou avion batu, je batré, nou batron, je auré batu, nou auron batu, ba, baton, qe je bate, qe nou bation, qe je uce batu, qe nou ucion batu, batan, batu (Id. *qonbatre*).

Boire. Je boi, nou boivon, je boivé, nou boivion, je bu, nou bume, je a bu, nou avon bu, je avé bu, nou avion bu, je boiré, nous boiron, je auré bu, nou auron bu, boi, boivon, qe je boive, qe nou boivion, qe je uce bu, qe nou ucion bu, boivan, bu.

Boulir. Je bou, nou boulion, je boulié, nou boulion, je bouli, nou boulime, je a bouli, nou avon bouli, je avé bouli, nou avion bouli, je bouliré, nou bouliron, je auré bouli, nou auron bouli, bou, boulion, qe je boule, qe nou boulion, qe je uce bouli, qe nou ucion bouli, boulian, bouli.

C

(Savoir). *Çavoir*. Je cé, nou çavon, je çavé, nou çavion, je çu, nou çume, je a çu, nou avon çu, je avé çu, nou avion çu, je çauré, nou çauron, je auré çu, nous auron çu, çache, çachon, qe je çache, qe nou çachion, qe je uce çu, qe nou ucion çu, çachan, çu.

(Sentir). *Çantir*. Je çan, nou çanton, je çanté nou çantion, je çanti, nou çantime, je a çanti, nou avon çanti, je avé çanti, nou avion çanti, je çantiré, nou çantiron, je auré çanti, nou auron çanti, çan, çanton, qe je çante, qe nou çantion, qe je uce çanti, qe nou ucion çanti, çantan, çanti.

(Servir). *Cervir*. Je cer, nou cervon, je cervé, nou cervion, je cervi, nou cervime, je a cervi, nou avon cervi, je avé cervi, nou avion cervi, je cerviré, nou cerviron, je auré cervi, nou auron cervi, cer, cervon, qe je cerve, qe nou cervion, qe je uce cervi, qe nou ucion cervi, cervan, cervi.

(Sortir). *Çortir*. Je çor, nou çorton, je çorté, nou çortion, je çorti, nou çortime, je a çorti, nou avon çorti, je çortiré, nou çortiron, je auré çorti, nou auron çorti, çor, çorton, qe je çorte, qe nou çortion, qe je uce çorti, qe nou ucion çorti, çortan, çorti.

(Suffire). *Çufire*. Comme qonfire.

(Suivre). *Çuivre*. Je çui, nou çuivon, je çuivé, nou çuivion, je çuivi, nou çuivime, je a çuivi, nou avon çuivi, je avé çuivi, nous avion çuivi, je çuivré, nou çuivron, je auré çuivi, nou auron çuivi, çui, çuivon, qe je çuive, qe nou çuivion, qe je uce çuivi, qe nou ucion çuivi, çuivan, çuivi.

D

Déduire. Je dédui, nou déduison, je déduisé, nou déduision, je déduisi, nou déduisime, je a dédui, nou avon dédui, je déduiré, nou déduiron, je auré dédui, nou auron dédui, dédui, déduison, qe je déduise, qe nou déduision, qe je uce dédui, qe nou ucion dédui, déduisan, dédui. (Id. *qoncetruire, quire, détruire, incetruire, qonduire, introduire, produire, reproduire, reluire*).

Devoir. Je doi, nou doivon, je doivé, nou doivion, je du, nou dume, je a du, nou avon du, je avé du, nou avion du, je doivré, nou doivron, je auré du, nou auron du, doi, doivon, qe je doive, qe nou doivion, qe je uce du, qe nou ucion du, doivan, du.

Dire. Je di, nou dison, je disé, nou dision, je di, nou dime, je a di, nou avon di, je avé di, nou avion di, je diré, nou diron, je auré di, nou auron di, di, dison, qe je dise, qe nou dision, qe je uce di, qe nou ucion di, disan, di. (Id. *qontredire, interdire, redire*).

Dormir. Je dor, nou dormon, je dormé, nou dormion, je dormi, nou dormime, je a dormi, nou avon dormi, je avé dormi, nou avion dormi, je dormiré, nou dormiron, je auré dormi, nou auron dormi, dor, dormon, qe je dorme, qe nou dormion, qe je uce dormi, qe nou ucion dormi, dorman, dormi.

E

(Ecrire). *Éqrire*. je éqri, nou éqrivon, je éqrivé, nou écrivion, je éqrivi, nou éqrivime, je a éqri, nou avon éqri, je avé éqri, nou avion éqri, je éqriré, nou éqriron, je auré éqri, nou auron éqri, éqri, éqrivon, qe je éqrive, qe nou éqrivion, que je uce éqri, qe nou ucion éqri, éqri, éqrivan (Id. *incegrire*).

F

(Faire). *Fére.* Je fé, nou féson, ils fése, je fésé, nou fésion, je fi, nou fime, je a fé, nou avon fé, je avé fé, nou avion fé, je féré, nou féron, je auré fé, nou auron fé, fé, féson, qe je fése, qe nou fésion, qe je uce fé, qe nou ucion fé, fésan, fé.

J

Joïndre. Je join, nou joinion, je joinié, nou joinion, je joini, nou joinime, je a join, nou avon join, je avé join, nou avion join, je joindré, nou joindron, je auré join, nou auron join, join, joinion, qe je joine, qe nou joinion, qe je uce join, qe nou ucion join, joinian, join.

L

Lire. Je li, nou lison, je lisé, nou lision, je lu, nou lume, je a lu, nou avon lu, je avé lu, nou avion lu, je liré, nou liron, je auré lu, nou auron lu, li, lison, qe je lise, qe nou lision, qe je uce lu, qe nou ucion lu, lisan, lu.

M

(Mentir). *Mantir.* Je man, nou manton, je manté, nou mantion, je manti, nou mantime, je a manti, nou avon manti, je mantiré, nou mantiron, je auré manti, nou auron manti, man, manton, qe je mante, qe nou mantion, qe je uce manti, qe nou ucion manti, mantan, manti.

(Mettre). *Métre.* Je mé, nou méton, je mété, nou métion, je mi, nou mime, je a mi, nou avon mi, je avé mi, nou avion mi, je métré, nou métron, je auré mi, nou auron mi, mé, méton, qe je méte, qe nou métion, qe je uce mi, qe nou ucion mi, métan, mi.

Moudre. Je mou, nou moulon, je moulé, nou moulion, je moulu, nou moulume, je a moulu, nou avon moulu, je mouliré, nou mouliron, je auré moulu, nou auron moulu, mou, moulon, qe je moule, qe nou moulion, qe je uce moulu, qe nou ucion moulu, moulan, moulu.

Mourir. Je meur, nou meuron, ils meure, je mouré, nou mourion, je mouru, nou mourume, je a mouru, nou avon mouru, je avé mouru, nou avion mouru, je mouré, nou mouron, je auré mouru, nou auron mouru, meur, meuron, qe je meur, qe nou meurion, qe je uce mouru, qe nou ucion mouru, mouran, mouru.

(Mouvoir). *Meuvoir.* Je meu, nou meuvon, je meuvé, nou meuvion, je mu, non mume, je a mu, nou avon mu, je avé mu, nou avion mu, je mouvré, nou mouvron, je auré mu, nou auron mu, meu, meuvon, qe je meuve, qe nou meuvion, qe je uce mu, qe nou ucion mu, meuvan, mu.

N

(Naître). *Nètre.* Je né, nou néçon, je nécé, nou nécion, je néqi, nou néqime, je a néqi, nou avon néqi, je avé néqi, nou avion néqi, je nétré, nou nétron, je auré néqi, nou auron néqi, né, néçon, qe je néce, qe nou nécion, qe je uce néqi, qe nou ucion néqi, néçan, né.

Nuire. Je nui, nou nuison, je nuisé, nou nuision, je a nui, nou avon nui, je avé nui, nou avion nui, je nuiré, nou nuiron, je auré nui, nou auron nui, nui, nuison, qe je nuise, qe nou nuision, qe je uce nui, qe nou ucion nui, nuisan, nui.

O

Ofrir. Je ofre, nou ofron, je ofré, nou ofrion, je ofri, nou ofrime, je a ofer, nou avon ofer, je avé ofer, nou avion ofer, je ofriré, nou ofriron, je auré ofer, nou auron ofer, ofre, ofron, qe je ofre, qe nou ofrion, qe je uce ofer, qe nou ucion ofer, ofran, ofer.

Ouvrir. Je ouvre, nou ouvron, je ouvré, nou ouvrion, je ouvri, nou ouvrime, je a ouver, nou avon ouver, je avé ouver, nou avion ouver, je ouvriré, nou ouvriron, je auré ouver, nou auron ouver, ouvre, ouvron, qe je ouvre, qe nou ouvrion, qe je uce ouver, qe nou ucion ouver, ouvran, ouver. (Id. *qourir, déqouvrir*).

P

Partir. Je par, nou parton, je parté, nou partion, je parti, nou partime, je a parti, nou avon parti, je avé parti, nou avion parti, je partiré, nou partiron, je auré parti, nou auron parti, par, parton, qe je parte, qe nou partion, qe je uce parti, qe nou ucion parti, partan, parti.

Peindre. Je pin, nou pénion, je pénié, nou pénion, je péni, nou pénime, je a pin, nou avon pin, je avé pin, nou avion pin, je pindré, nou pindron, je auré pin, nou auron pin, pin, pénion, qe je péne, qe nou pénion, qe je uce pin, qe nou ucion pin, pénian, pin.

(Paître). *Pétre*. Je pé, nou péçon, je pécé, nou pécion, je pétré, nou pétron, qe je péce, qe nou pécion, peçant. (Pas d'autres temps).

(Paraître). *Parétre*. Je paré, nou paréçon, je parécé, nou parécion, je paru, nou parume, je a paru, nou avon paru, je avé paru, nou avion paru, je parétré, nou parétron, je auré paru, nou auron paru, paré, paréçon, qe je paréce, qe nou parécion, qe je uce paru, qe nou ucion paru, paréçan, paru. (Id. *qonétre, diceparétre*).

(Plaire). *Plére*. Je plé, nous pléson, je plésé, nou plésion, je plu, nou plume, je a plu, nou avon plu, je avé plu, nou avion plu, je pléré, nou pléron, je auré plu, nou auron plu, plu, pléson, qe je plése, qe nou plésion, qe je uce plu, qe nou ucion plu, plésan, plu.

Pouvoir. Je peu, nou peuvon, je pouvé, nou

pouvion, je pu, nou pume, je a pu, nou avon pu, je avé pu, nou avion pu, je pouré, nou pouron, je auré pu, nou auron pu (Pas d'impératif), qe je peuve, qe nou peuvion, qe je uce pu, qe nou ucion pu, pouvan, pu.

(Prendre). *Prandre.* Je pran, nou prenon, je prené, nou prenion, je pri, nou prime, je a pri, nou avon pri, je auré pri, nou auron pri, je prandré, nou prandron, pran, prenon, qe je préne, qe nou prenion, qe je uce pri, qe non ucion pri, prenan, pri.

Preceqrire, comme *éqrire*; *produire*, comme *déduire*.

Q

(Confire). *Qonfire.* Je qonfi, nou qonfison, je qonfisé, nou qonfision, je qonfi, nou qonfime, je a qonfi, nou avon qonfi, je avé qonfi, nou avion qonfi, je qonfiré, nou qonfiron, je auré qonfi, nou auron qonfi, qonfi, qonfison, qe je qonfise, qe nou confision, qe je ucé qonfi, qe nou ucion qonfi, qonfisan, qonfi.

(Conclure). *Qonqlure.* Je qonqlu, nou qonqluon, je qonqlué, nou qonqluion, je qonqlu, nou qonqlume, je a qonqlu, nou avon qonqlu, je qonqluré, nou qonqluron, je auré qonqlu, nou auron qonqlu, qonqlu, qonqluon, qe je qonqlu, qe nou qonqluion, qe je uce qonqlu, qe nou ucion qonqlu, qonqluan, qonqlu.

(Conduire). *Qonduire*, comme *déduire*. (Contredire). *Qontredire*, comme *dire*.

(Coudre). *Qoudre.* Je qou, nou qouson, je qousé, nou qousion, je a qousu, nou avon qousu, je avé qousu, nou avion qousu, je qoudré, nou qoudron, je auré qousu, nou auron qousu, qou, qouson, qe je qouse, qe nou qousion, qe je uce qousu, qe nou ucion qousu, qousan, qousu.

(Courir). *Qourir.* Je qour, nou qouron, je qouré,

nou qourion, je qouru, nou qourume, je a qouru, nou avon qouru, je qouré, nou qourion, je auré qouru, nou auron qouru, qour, qouron, qe je qoure, qe nou qourion, qe je uce qouru, qe nou ucion qouru, qouran, qouru.

(Craindre). *Qrindre.* Je qrin, nou qrénion, je qrénié, nou qrénion, je qréni, nou qrénime, je a qrin, nou avon qrin, je avé qrin, nou avion qrin, je qrindré, nou qrindron, je auré qrin, nou auron qrin, qrin, qrénion, qe je qréne, qe nou qrénion, qe je uce qrin, qe nou ucion qrin, qrénian, qrin.

(Cuire). *Quire,* comme *déduire.*

(Croire). *Qroire.* Je qroi, nou qroiion, je qroiié, nou qroiion, je qru, nou qrume, je a cru, nou avon cru, je avé qru, nou avion qru, je qroiré, nou qroiron, je auré qru, nou auron qru, qroi, qroiion, qe je qroi, qe nou qroiion, qe je uce qru, qe nou ucion qru, qroiian, qru.

(Cueillir). *Qeulir.* Je qeule, nou qeulion, ils qeule, je qeulié, nou qeulion, je qeuli, nou qeulime, je a qeuli, nou avon qeuli, je avé qeuli, nou avion qeuli, je qeuliré, nou qeuliron, je auré qeuli, nou auron qeuli, qeule, qeulion, qe je qeule, qe nou qeulion, qe je uce qeuli, qe nou ucion qeuli, qeulian, qeuli.

R

Reproduire, comme *déduire*; *redire,* comme *dire; relire,* comme *lire; réduire,* comme *déduire.*

Résoudre. Je résou, nou résouvon, je résouvé, nou résouvion, je résolu, nou résolume, je a résolu, nou avion résolu, je résoudré, nou résoudron, je auré résolu, nou auron résolu, résou, résouvon, qe je résouve, qe nou résouvion, qe je uce résolu, qe nou ucion résolu, résouvan, résolu.

Rire. Je ri, nou rion, je rié, nou riion, je ri, nou

rime, je a ri, nou avon ri, je avé ri, nou avion ri, je riré, nou riron, je auré ri, nou auron ri, ri, rion, qe je ri, qe nou riion, qe je uce ri, qe nou ucion ri, rian, ri.

S, voir **C**

T

Tenir. Je tien, nou tiénon, je tiéné, nou tiénion, je tin, nou tinme, je a tenu, nou avon tenu, je avé tenu, nou avion tenu, je tiindré, nou tiindron, je auré tenu, nou auron tenu, tiin, tiénon, qe je tiéne, qe nou tiénion, qe je uce tenu, qe nou ucion tenu, tenan, tenu.

(Traire). *Trére*. Je tré, nou tréiion, ils tré, je tréiié, nou tréiion (pas de passé défini), je a tré, nou avon tré, je avé tré, nou avion tré, je treré, nou tréron, je auré tré, nou auron tré, tré, tréiion, qe je tré, qe nou tréiion, qe je uce tré, qe nou ucion tré, tréiian, tré.

(Transcrire). *Tranceqrire* comme *éqrire*.

V

(Vaincre). *Vinqre*. Je vinq, nou vinqon, je vinqué, nou vinqion, je vinqi, nou vinqime, je a vinqu, nou avon vinqu, je avé vinqu, nou avion vinqu, je vinqré, nou vinqron, je aurai vinqu, nou auron vinqu, vinq, vinqon, qe je vinqe, qe nou vinqion, qe je uce vinqu, qe nou ucion vinqu, vinqan, vinqu.

Valoir. Je vale, nou valon, je valé, nou valion, je valu, nou valume, je a valu, nou avon valu, je avé valu, nou avion valu, je vaudré, nou vaudron, je auré valu, nou auron valu, vale, valon, qe je vale, qe nou valion, qe je uce valu, qe nou ucion valu, valan, valu.

Venir, comme *tenir*.

(Vêtir). *Vétir*. Je véte, nou véton, je vété, nou vétion, je véti, nou vétime, je a vétu, nou avon vétu, je avé vétu, nou avion vétu, je vétiré, nou vétiron, je auré vétu, nou auron vétu, véte, véton, qe je véte, qe nou vétion, qe je uce vétu, qe nou ucion vétu, vétan, vétu.

Vivre. Je vi, nou vivon, je vivé, nou vivion, je véqu, nou véqume, je a véqu, nou avon véqu, je avé véqu, nou avion véqu, je vivré, nou vivron, je auré véqu, nou auron véqu, vi, vivon, qe je vive, qe nou vivion, qe je uce véqu, qe nou ucion véqu, vivan, véqu.

Voir. Je voi, nou voiion, je voiié, nou voiion, je vi, nou vime, je a vu, nou avon vu, je avé vu, nou avion vu, je voiré, nou voiron, je auré vu, nou auron vu, voi, voiion, qe je voi, qe nou vouion, qe je uce vu, qe nou ucion vu, voiian, vu.

Vouloir. Je veu, nou veulon, je voulé, nou volion, je voulu, nou voulume, je a voulu, nou avon voulu, je avé voulu, nou avion voulu, je voudré, nou voudron, veule, veulon, qe je veule, qe nou veulion, qe je uce voulu, qe je nou ucion voulu, voulan, voulu.

Verbes passifs

On appelle *verbes passifs*, les verbes actifs dont le participe passé, restant toujours invariable, peut ou doit être conjugué avec le verbe être :

Etre émé, averti, reçu, ronpu.

Je çui émé, tu fu averti, nou ceron reçu, qe nou çoiion ronpu.

CHAPITRE X

Préposition

C'est un mot invariable qui sert à unir deux mots : *a* (ne prend pas plus d'accent que *a* verbe), *apré*, *avan*, *depui*, *or* (hors), *pandan*, *pour*, *çur* (sur), *dé* (dès), *pré a* (disposé à), *pré de* (proche), *qan* (quand), *lorceqe*, *qan* (quant à, relativement à).

CHAPITRE XI

Adverbe

Mot invariable qui sert à compléter le sens d'un adjectif ou d'un verbe : *alieur*, *alantour*, *alor*, *autrefoi*, *aujourdui*, *acé* (assez), *toujour*, *tanto*, *çajeman*, *poliman*, *auparavan*, *dedan*, *baucou*, *deor* (dehors), *tar*, *jamé* (jamais), *pluto*, *la* sans accent, comme *la* article.

CHAPITRE XII

Conjonction

Mot invariable qui sert à unir deux mots ou deux membres de phrase : *é* (et), *ou*, *ni*, *mé* (mais), *or*, *car*, *don* (donc), *qe*, *ci*, *qome* (comme), *lorceqe* (lorsque), *qan* (quand), *qoiqe* (quoique), *puiceqe* (puisque).

CHAPITRE XIII

Interjection

Sorte de cri qui exprime la joie, la douleur, la surprise (invariable) : *a* (ah), *é* (eh, hé), *fi*, *chut*, *ola*, *é bien* (eh bien).

Cette grammaire pourra, comme toutes les autres, être modifiée, lorsque par la pratique, le besoin s'en fera sentir, si la langue internationale se vulgarisait, se propageait, soit dans le monde civilisé, soit au moins dans nos colonies peuplées de tribus plus ou moins barbares, ou réfractaires à notre langage, à nos mœurs. Quelques exceptions pourraient être portées à ces règles fondamentales : *toutes les lettres doivent être écrites comme elles se prononcent, doivent se prononcer comme elles s'écrivent* ; on pourrait par exemple, pour rapprocher de la langue française, cette langue qui risque fort d'être appelée interlope, rétablir les *s* à tous les pluriels, rendre le son *é*, par *ai*, *ei*, *é* ; le son *in* par *ain*, *ein* et *in*, ou au contraire, supprimer tous les *s* conservées et ne rendre le son *o* que par *o*.

Au début, ce qui nous a paru nécessaire, c'est la simplification de l'orthographe réduite à sa plus simple expression.

Notre grammaire, en ce qui concerne les règles, les préceptes, est écrite avec l'orthographe de la grammaire française, parce qu'autrement elle ne pourrait pas être comprise par les instituteurs chargés de l'enseignement; mais si elle était adoptée comme ouvrage d'instruction internationale, elle devrait l'être avec l'orthographe qu'elle formule, car autrement elle ne pourrait pas être comprise par les élèves.

C'est pour donner un spécimen de la langue qui serait parlée et écrite, que nous donnons les phrases suivantes (voir page VIII).

Nou portion dé porcion. — Mé fice on qacé mé fil. — Nou édition dé édicion béle. — Je vi cé vice. — Nou relation cé relacion. — Le présidan é lé vice-présidan préside tour a tour. — Je çui qontan qe ils nou qonte céte icetoire. — Ils on un qaraqtére ci violan qe ils viole leur promécе. — Il qonvien qe ils qonvi leurs ami. — Ils éqcepédi dé letre, cé un bon éqcepédian. — No intencion son qe nou intantion un procé. — Ils néglije leur devoir ; je çui moin néglijan. — Nou objeqtion boqou de chose qontre leurs objeqcion. — Ils réside à Pari ché le résidan de une qour étranjère. — Lé bon quisinier éqcèle à fére un mé eqcélan. — Lé poiçon aflu a un afluan de rivière. — Lé poule du qouvan qouve.

Une seule phrase de la page est conservée sans modification, parce que le mot *fier*, tout en ayant un sens différent, s'écrit de même ; c'est celle-ci :

Ce omç é fier, on peu se fier à lui.

Il y a lieu d'ajouter à la même page, ces phrases qui caractérisent également les bizarreries de la langue française :

Il est tranquille avec sa béquille, et est entré dans la ville avec sa fille, qui a percé une anguille avec son aiguille ;

Et que nous écrivons ainsi :

Il é tranqile aveq sa béqile, é antré an vile aveq sa file, qi a percé une angile aveq ça équile.

Phrases diverses d'un manuel de conversation

Je vou remerci infiniman. — Cela ne vale pa la péne de an parler. — Je doi vou dire. — Je di qe oui. — Vou pouvé me qroire. — Cela é inpocible. — Qéle onte. — Je çui de une umeur afreuse. — Il fé mauvé. — La pluie, la néje tonbe. — Aprené a moi qéle eure il é. — Il é cice eure. — Lé nouvele çon bone. — Qoman vou alé. — Je ale bien.

Lé poiçon qe on van çur lé bor de la Méditérané, son le çomon, la ré, le maqrau, le turbo, la angile de mer, le éceturjon, la morue, le ton, on pran auci dé uitre, dé omar. Ça é dan lé boi qe on rancontre lé lou, lé çanglié, lé renar, lé cerf, lé oiçau, lé équreul, lé cerpan. Lé maré cerve de céjour au qrapau, grenoule, çançue (sangsue).

Bonjour mocieu. — Qoman vou porté vou ? — Je remerci vou, mademoisèle. — É votre fame, vo fice, vo file. — Tous çon an çanté bone. — Ou ils çon, é qoi ils fon ? — Jan é a Qan, fesan ça filosofi, an méme tan qe il apran lé matématiqe et la fisiqe; il conte pacer çon baqaloréa au moi de ou. Jé fé la éqsercice au qan de Chalon, dan le quel çon réuni dé troupe de qavalerie, dé infanterie é dé jandarme, qomandé par un jénéral de division. Pier travale dan un qoléje de départeman ou le ancéneman cepécial é doné. Je é deu de mé file au qouvan, la autre demeure aveq ma fame, qi fé le ménaje.

Nou déjeunon aveq du qafé au lé, du choqola, dé euf; a dîné, nou manjon du beuf, de la volale, dé poiçon, dé légume é du décer. — Toute la famile é tré çobre, a çoupé qome a déjeuné. Lé jeune ale a la éqole; nou abiton Pari depui peu de tan é nou lojon au deusiéme étaje, no chanbre çon tré cinplemen meublé ; éle contiéne dé chése en pale, dé li an fer, dé armoire an noiié, la quisine é garnı de un fournau éqonomiqe, chaufé au gase, é dé ucetancile ordinère, qacerole, poéle à frire, broche.

Ce pére de famıle a de nonbreu anfan ; une de cé file é aqteure au Téatre Francé, la autre, chanteùre a le Opéra ; çon fice éné é fol ; le qadé done dé leçon au qousin de une anbaçadeure.

Chaqe jour, qroi le gouvernemàn du pé-i par le pé-i, é la imiqcion du citoiien dan lé afére publiq. Ci pandan lontan il an a été égarté, il tiin mintenan de plu en plu a lé jérer ; mé il falé qe il puicc le fére an qonéçance de qause, é qe il ne dicerte pa vageman, an montran ancor plu de iniorance qe de bone intancion.

BRIOUDE. — IMP. ET LIB, CHOUVET, BOULEVARD DESAIX, 29.

BIBLIOTHÈQUE NATIONALE BN IMPRIMÉS

www.ingramcontent.com/pod-product-compliance
Ingram Content Group UK Ltd.
Pitfield, Milton Keynes, MK11 3LW, UK
UKHW021503260726
13993UKWH00004B/1538

9 782019 990909